LETTRE
DE M. LE MARQUIS DE CARACCIOLI
A M. D'ALEMBERT.

Vous êtes donc fâché de mon départ, mon cher d'Alembert: j'aime à me le perſuader; je regretterai toujours nos converſations philoſophiques, & le fonds d'obſervations inſtructives & plaiſantes qu'on trouve plus que par-tout ailleurs dans cette immenſe Capitale, qui réunit toutes les curioſités de l'univers & tous les charmes de la ſociété; qui préſente ſans ceſſe les ſcenes les plus variées & les plus comiques; où les moindres nouveautés font oublier les plus grands intérêts; & où ce qui s'annonce le matin comme le plus important, ſe termine le ſoir par un bon mot. Dans le Pays où je vais, la Nature eſt plus riante, mais le moral moins riſible. Or, franchement, je fais plus de cas du plaiſir de rire, que de celui de gouverner. Ne ſoyez donc pas ſurpris qu'en réponſe au compliment que le Roi a eu la bonté de me faire ſur ma nouvelle Place, j'aie répondu qu'aucune Place, à mon gré, ne valoit la Place Vendôme.

Vous voulez, mon cher Philoſophe, que je vous laiſſe en partant mes notes ſur les principales ſingularités que j'ai remarquées ici. C'eſt me demander plus que je ne pourrois faire en écrivant trois jours de ſuite, moi qui ne ſupporte pas d'écrire trois heures; mais je vais en employer quelques-unes à m'entretenir avec vous plus ouvertement que je n'ai fait juſqu'à préſent ſur un objet dont nous avons cauſé plus d'une fois, & qui m'a plus frappé que tout le reſte.

Il s'agit de M. Necker, votre ami comme le mien. Concevez-vous ſa poſition & tout ce qui lui arrive? en pénétrez-vous la cauſe?

en devinez-vous la fin ? eſt-il en tout point rien de ſi extraordinaire ?

Cet homme nous arrive de Géneve, pauvre comme Job, pour être Caiſſier à gages d'un ſimple Banquier; il fait valoir adroitement les fonds de ſon Maître, il devient ſon Aſſocié: l'Etat eſt dans la plus grande détreſſe, il en profite; il prête au Roi à très-gros intérêts, & ſe voit millionnaire.

L'affaire de la Compagnie des Indes lui fournit l'occaſion de faire connoître ſon talent & d'augmenter ſa fortune: elle le met en relation avec pluſieurs grands Seigneurs; il leur donne des ſoupers, les beaux-Eſprits y vont: il fait des éloges académiques, il obtient votre ſuffrage, & le voilà ſûr de l'appui des Savans.

M. Turgot, Patriarche des Economiſtes, eſt nommé Contrôleur-Général: il fixe tous les regards. M. Necker, pour les ramener à lui, oublie qu'il eſt ſon Protecteur, rompt toutes ſes anciennes liaiſons, & fait ſon Ecrit ſur les bleds. C'étoit, dans les circonſtances où il parut, un vrai tocſin qui devoit conduire ſon Auteur à la Baſtille: il l'a conduit au Miniſtere. Tout ſembloit l'en exclure, ſon origine, ſon état, ſa Religion; il franchit tous les obſtacles. M. Turgot renvoyé, il entreprend de prouver que ſon Prédéceſſeur calculoit mal la ſituation des finances, & qu'il n'en connoiſſoit pas les reſſources. Son intérêt étoit alors de ſoutenir qu'il y en avoit de très-grandes dans la choſe même, & de ſe donner pour ſeul capable de les trouver. Il le dit, on le croit. Pour le faire entrer dans l'Adminiſtration, quoiqu'il ne pût entrer dans le Conſeil, on lui fraie une route nouvelle. En lui confiant les principales fonctions, on en fait porter le titre à un autre. Bientôt ce partage même lui déplaît; il écarte ſans peine le fantôme de Contrôleur-Général auquel on l'avoit accollé, & le voilà Adminiſtrateur des Finances.

Ce n'eſt pas encore-là ce qui m'a le plus ſurpris. Un Banquier élevé tout d'un coup à des fonctions dont la plupart lui ſont inconnues, un Etranger préféré à tous les Sujets du Roi pour occuper auprès de lui un poſte de confiance, un Proteſtant chargé du Miniſtere le plus important dans un Royaume où les Proteſtans ſont exclus des moindres charges, c'eſt ſans doute une grande bizarrerie: c'eſt un caprice ſignalé du ſort; *è molto maraviglioſo.* Du reſte, la France a déjà, dans ce genre-là, des exemples dont elle se souviendra long-temps. Mais ce qui me paroît neuf, ce qui ne ressemble à rien, c'est la maniere dont M. Necker a su mystifier toute la Nation Françoise depuis qu'il est en place; c'est le fanatisme qu'il a inspiré dans tout ce que vous appellez la bonne Compagnie; c'est aussi le redoublement d'enthousiasme que produisent en sa faveur les choses mêmes par lesquelles les autres seroient abîmés cent pieds sous terre.

Au fond, qu'a-t-il fait? des suppressions sans remboursemens, des réformes sans profit, des emprunts sans bornes ni mesures; & c'est-là ce qu'on admire. Il écrase une classe de Citoyens; il porte la désolation dans le sein d'une infinité de familles honnêtes: on trouve cela charmant. Il attaque les droits de propriété; qu'importe? Ce ne sont que des propriétés financieres, on ne voit aucun inconvénient de les violer. Il déchire la réputation de ceux qu'il dépouille de leur état & de leur fortune; il commence par décrier, & finit par détruire. Cette méthode, toute injuste, toute cruelle qu'elle est, ne refroidit pas les applaudissemens; on la trouve salutaire, & la voix de la pitié est étouffée par les cris de l'engouement. Il anéantit tout crédit intermédiaire, sans y rien substituer, & réduit toutes les ressources au systême de Banque. C'est encore *tanto maglio*. Enfin, concentrant tout au Trésor-Royal, ramenant tout dans la main de l'Administration, il met l'Etat à la merci d'un seul homme, & se fait un pouvoir sans bornes sur la ruine de toute autre autorité que la sienne. Oh! c'est une politique profonde qu'on respecte, & dont on a garde de redouter les effets. Peut-on rien craindre de M. Necker? Tout ce qu'il fait est au mieux; & ce sera bien autre chose par la suite, s'il parvient à l'époque où rien n'arrêtera plus l'essor de ses projets: c'est alors qu'on verra beau jeu.

En attendant, mon cher d'Alembert, nous qui sommes convenus de le célébrer & de le défendre envers & contre tous, nous faisons sonner bien haut & nous répétons sans cesse, comme la plus grande de toutes les merveilles, que, sans imposer, il fournit à tous les frais de la guerre, & paie tout le monde; c'est-là notre refrein, & le mot de ralliement de tous les *Neckristes*. Mais, entre nous, & dans notre ame & conscience, nous ne pouvons nous dissimuler que de quelque maniere qu'on tire l'argent du Peuple, soit en accumulant emprunts sur emprunts, soit en augmentant clandestinement les anciens recouvremens, c'est toujours imposer; que multiplier à l'excès les rentes viageres, c'est pis que d'imposer sur les revenus, puisque c'est absorber les fonds & imposer jusqu'à la race future; qu'on ne paye pas bien tout le monde, quand on manque à l'engagement sacré de rembourser les Charges qu'on supprime; enfin, que ne pas fournir à la guerre autant d'argent qu'il en faudroit pour la pousser vigoureusement, c'est l'alimenter cruellement, & non mettre en état de la soutenir; que c'est, en la prolongeant, trahir tout-à-la-fois & les intérêts de l'Etat & la gloire du Roi.

C'est-là notre *in petto*, que nous nous gardons bien de laisser pénétrer. Nous sommes, mon cher d'Alembert, comme les Aruspices dont parle Cicéron, qui ne pouvoient se rencontrer sans rire: ils rioient de la crédulité publique. Eh! comment ne ririons-nous pas, en voyant ce que peuvent en France les paroles d'un habile Opérateur? M. Necker, plus grand Prophete que tous ces Aruspices, sans s'amuser, comme eux, au vol des oiseaux, sait parfaitement ce qu'il nous faut, & comment il faut nous mener; il sait qu'une Nation légere, qui saisit tout au premier coup-d'œil, & qui n'approfondit rien, se prend facilement aux apparences: il sait que pour gagner ce Peuple, il ne faut que flatter ses préventions, épouser ses murmures, & se déclarer l'ennemi de tous ceux dont il croit avoir à se plaindre. Personne n'a jamais tant usé de cette recette; personne n'a tiré un aussi grand parti du style académique, devenu entre ses mains celui de l'Administration; personne n'a étalé avec autant de confiance & de succès les vieilles déclamations triviales rhabillées de neuf.

C'est sur-tout par son Compte rendu au Roi, & par son Mémoire sur les Administrations Provinciales, que j'ai appris à le bien connoître; & c'est sur les effets que ces deux chef-d'œuvres ont produits, qu'il y a de bonnes observations à faire.

Je n'ai pas été surpris de l'ivresse d'admiration que le Compte rendu a d'abord occasionnée; il présente de grands objets, de belles phrases, des opinions populaires & un résultat satisfaisant. Que veut-on de mieux? A la vérité, l'on a pu être choqué de l'égoïsme un peu inſolent que M. Necker s'y eſt permis, & de la nullité abſolue où il a réduit celui à qui il doit ſon exiſtence morale & miniſtérielle, du ton dogmatique & tranchant dont il parle au Roi de France. Mais qu'eſt-ce que cela fait? L'arrogance donne au ſtyle une fierté énergique, qui plaît plus aujourd'hui que les bienſéances. Pour M. de Maurepas, il n'a fait que rire d'être compté pour rien dans le compte de ſon ſous-ordre; & ſi SA MAJESTÉ, à qui je ſais que la ſuffiſance de notre Genevois n'a pas plu, ne l'en eſtime pas davantage, elle ne le gardera pas moins, s'il peut continuer à faire croire qu'on ne peut pas ſe paſſer de lui. Ce qui m'a vraiment inquiété, & ſur quoi je ne ſuis pas encore raſſuré, c'eſt la contradiction qui s'eſt élevée ſur les calculs des états du tableau de ſituation.

L'Ecrit avoué par le ſieur Bourboulon ne m'a pas embarraſſé : du moment que j'ai ſu qu'il s'y trouvoit deux ou trois fauſſetés, j'ai jugé qu'on s'y accrocheroit & qu'on en tireroit un grand avantage contre le critique. Mais ces maudits *Comment*, que trop de Lecteurs ont trouvés clairs & précis, mais cette Brochure verte & très-verte qui eſt un magaſin de raiſonnemens chiffrés, je vois avec peine qu'ils ont donné une furieuſe entorſe à la croyance des bonnes Gens. J'en ai trouvé en mon chemin, qui me diſoient de la meilleure foi du monde : M. l'Ambaſſadeur, engagez donc votre ami à donner quelque réponſe aux démentis qu'on lui donne. Ils me paroiſſent comme des Néophytes qui ont plutôt le deſir de la foi que la foi, & à qui l'Egliſe conſeille de dire à Dieu du fond de leur cœur : *Credo, Domine, adjuva incredulitatem meam;* je crois, Seigneur, aidez mon incrédulité. Je les ai montrées à M. Necker, lui adreſſant cette priere en tendant les bras vers lui; je lui ai dit à leur égard, ce que les Apôtres diſoient jadis à Jéſus : Voyez cette foule qui vous ſuit, ne ferez-vous pas pour elle quelque miracle ? Il me le promit, & me remit trois jours après une réponſe manuſcrite, me recommandant de ne la montrer qu'aux Elus, & de ne point l'abandonner aux Profanes. Mais cette réponſe n'a pas fait le miracle que j'ai demandé; j'ai eu beau m'en revêtir comme d'une égide pour repouſſer les traits de la contradiction, elle n'a pas empêché que plus d'une fois je n'aie été entamé au vif.

Par exemple, je n'y ai rien trouvé à répondre au reproche d'omiſſion totale de la dette arriérée, qui n'eſt cependant pas un petit objet. Je ne m'en ſuis pas ſervi plus heureuſement pour répondre à l'article des anticipations ; & lorſque, pour réfuter ceux qui prétendent qu'il n'eſt porté dans le Compte rendu qu'à la moitié de ce qu'il eſt en réalité, j'ai voulu ſoutenir que ce qui étoit au-delà de quatre-vingt-dix millions, dont M. Necker a compté l'intérêt, étoit repréſenté par les reſcriptions & autres effets qui repoſent au Tréſor Royal, on m'a ri au nez ; & tout ce que j'y ai gagné a été d'apprendre la diſtinction qu'il faut faire entre les valeurs qui portent intérêt, dont on ſe ſert pour couvrir les engagemens des perſonnes chargées du ſervice, entre les mains deſquelles on prétend qu'il y en a pour plus de cent quarante millions, & les valeurs mortes dépoſées au Tréſor Royal, dont il n'eſt nullement queſtion dans les calculs qu'on oppoſe à M. Necker, ces valeurs mortes étant le réſidu des reſcriptions en ſus de celle qu'on emploie pour les ſervices & pour la négociation des remplacemens.

J'ai été pareillement déſarçonné ſur l'article des fonds deſtinés aux dépenſes imprévues, & je n'ai pu m'empêcher d'avertir notre ami que la réponſe dont il nous avoit armés étoit trop foible ; que n'étant bonne qu'à battre en ruine l'Ecrit de Bourboulon que perſonne ne défendoit, elle laiſſoit ſubſiſter les objections qui avoient frappé tout le monde ; que cependant il étoit dangereux d'en laiſſer ſubſiſter aucune ſans réfutation, puiſqu'une ſeule fauſſeté démontrée dans un compte de la nature du ſien, ſuffiſoit pour le perdre ; & enfin qu'on trouvoit fort étrange que la contradiction ayant été très-publique, la réponſe fût ſecrette.

Laiſſons-là, me dit-il alors, cette réponſe, & qu'il n'en ſoit plus queſtion ; je ne l'ai pas faite pour le Public, & je ne puis me livrer à une diſcuſſion polémique ſur une aſſertion que j'ai faite au Roi. Mon Compte rendu a fait ſon effet ; je ſais bien qu'il n'a pas convaincu les Gens éclairés : mais ils ne font pas à beaucoup près le plus grand nombre, & c'eſt le plus grand nombre qu'il me faut. J'en ai fait diſtribuer plus de dix mille exemplaires : il eſt répandu avec profuſion dans tout le Royaume. Que peuvent là contre des pamphlets qu'on lâche furtivement, & à qui il eſt phyſiquement impoſſible de donner pareille exploſion? Si j'y répondois, on repliqueroit, ce ſeroit encore pis : il y a des choſes qu'il ne faut pas trop approfondir, pour peu qu'il reſte d'obſcurité; chacun croit ce qu'il veut croire, & il vaut mieux n'en plus parler.

Je compris fort bien ce langage, & je me tus : mais voyant le nombre des incrédules s'accroître de jour en jour, j'ai mis dans mon Recueil de ſingularités, qu'il étoit bien extraordinaire qu'un homme d'eſprit ſe fût acculé au point de ne pouvoir répondre ſans ſe compromettre, ni ſe taire ſans paroître avouer.

Telle étoit la poſition de M. Necker ; & je crois qu'au fond de l'ame il n'en étoit pas fort ſatisfait, lorſque, pour l'en tirer, ou peut-être pour le plonger dans un état pire, ſa bonne ou mauvaiſe étoile a fait tomber des nues, & malheureuſement dans les griffes Parlementaires, un Mémoire qu'il avoit remis au Roi en 1778, concernant les Adminiſtrations Provinciales, dans lequel les Intendans des Provinces ſont ridiculiſés, les Parlemens attaqués au vif, les Pays d'Etats menacés, le Clergé & la Nobleſſe aſſez maltraités.

L'inattendue révélation de ce Mémoire vous parut d'abord, mon cher d'Alembert, un coup de foudre pour ſon Auteur. Je me ſouviendrai toujours de l'état où je vous vis, lorſque nous lûmes enſemble la copie qu'on m'en avoit confiée, & que nous en peſâmes toutes les phraſes pour en calculer l'effet. Mettre en pieces les Intendans & leur Adminiſtration, à la bonne heure, me diſiez-vous; cela ne vaut rien politiquement, & c'eſt tirer ſur ſes propres troupes: mais n'importe, cela plaira. Vous ne vîtes pas avec la même tranquillité la ſeconde partie de l'Ouvrage, où les Parlemens ſont inculpés d'ignorance, d'intrigues & d'intentions plus que ſuſpectes. La phraſe où il eſt dit *qu'ils ne ſont forts ni par l'inſtruction, ni par l'amour pur du bien de l'Etat ;* celles qui les dépeignent comme livrés à leurs intérêts perſonnels, & comme auſſi chauds à réclamer contre les impôts qui les touchent ſpécialement, que peu ſenſibles à ceux qui *s'éloignent des murs du Palais ;* toutes celles enfin qui préſentent l'établiſſement des Adminiſtrations Provinciales comme un moyen de ſe paſſer de la ſanction Parlementaire, & comme un acheminement à la réformation des Etats, vous parurent propres non-seulement à mettre en fureur contre la Magiſtrature, mais même à révolter la Nation entiere. Vous ne doutâtes pas que chacun n'y apperçût avec effroi les préſages de la ſubverſion de toutes les formes conſtitutionnelles, & vous m'avouâtes que vous frémiſſiez vous-même de tout ce qu'on pourroit dire pour caractériſer le crime d'un Etranger convaincu par ſes propres Ecrits de s'être rendu auprès du Trône le calomniateur de la Magiſtrature entiere, & auprès du Peuple le fauteur des murmures contre les dépoſitaires de l'autorité; de s'être efforcé en toute occaſion d'inſpirer à un jeune Prince, déjà porté aux principes rigides par ſon amour pour la vertu, les plus mauvaiſes opinions de ſes Sujets & de tous les Ordres de l'Etat; enfin d'avoir oſé entreprendre le bouleverſement de la Monarchie. Jamais je ne vous entendis vous exprimer avec plus d'énergie; la chaleur de l'amitié qui animoit vos craintes, rendoit vos diſcours ſi pénétrans, que j'en ai eu long-temps la peau-de-poule pour notre Héros, dont la vie miniſtérielle me parut comme à vous dans le plus grand danger. Pouvions-nous alors nous attendre à ce qui eſt arrivé? Je ne connois pas en morale de phénomène plus rare, ni dont il ſoit plus intéreſſant de diſcuter les cauſes. C'eſt pour vous les développer que j'ai pris la plume; & quoique ma main ſoit déjà bien fatiguée d'écrire, je ne vous laiſſerai pas en ſi beau chemin.

Dans les premiers momens, M. Necker fut lui-même ſi déconcerté de ſavoir ſon Mémoire divulgué, qu'il ſe crut perdu, & parla de retraite. Ses amis ſe raſſemblerent autour de lui, pour le détourner de cette molle réſolution. On tint conſeil: déſavouer le Mémoire, dire qu'il avoit été altéré, tronqué, fut la premiere réſolution qui ſe préſenta à l'eſprit; mais on ſentit qu'elle étoit impraticable, l'original étant entre les mains du Roi qui pourroit le confronter, & n'auroit pas toléré un menſonge: imputer à M. de Maurepas de l'avoir livré, & jetter les hauts cris ſur ſa publicité, en la lui attribuant ſourdement, convenoit fort à la plupart des Conſeillers, & l'on s'y feroit arrêté volontiers; mais des faits trop connus ne permettoient pas qu'on prît le change. M. Necker ſavoit que le Mémoire étoit ſorti de ſes mains; qu'il l'avoit confié non-ſeulement à M. de Leſſart, mais

mais même à plus d'une autre perfonne qu'on auroit pu lui citer: & d'ailleurs l'imputation d'une noirceur s'accordoit trop mal avec le caractere de M. de Maurepas, pour qu'elle pût s'accréditer. Il fallut donc y renoncer. Il ne reftoit plus que le parti de l'audace, celui d'aller tête levée au-devant de la tempête, de répandre foi-même l'Ouvrage, & de l'élever fi haut que la cenfure n'y pût atteindre. C'étoit fervir à fouhait la paffion de M. Necker pour la célébrité; & l'on s'en promettoit encore davantage, celui d'embarraffer le premier Miniftre par l'alternative d'avoir à foutenir le choc de toute la Magiftrature, ou paroître facrifier l'Adminiftrateur des Finances à fon reffentiment perfonnel.

Cette derniere idée parut lumineufe; il fut décidé de la fuivre, & de rejetter fur le camp ennemi la bombe dont on étoit menacé.

L'effentiel étoit de former un chorus, un crefcendo d'applaudiffemens, tel qu'il pût prévaloir fur toutes les plaintes, étouffer les cris des bleffés, & en impofer à ceux qui ne décident que par l'opinion dominante. C'eft à quoi nous ne nous fommes pas épargnés: chacun de nous s'eft mis en campagne; l'air a retenti d'éloges du Mémoire, d'anathêmes contre quiconque trouveroit à redire. Jamais le feu de préconifation n'a été plus vif; jamais on ne s'eft récrié avec plus d'animofité contre les *anti-Neckers*: prônes, prêches, argent, crédit, autorité des gens en place, empire des jolies femmes, domination du Clergé, encens vénal des Auteurs folliculaires, ton décifif des gens du bel air, afcendant des gens d'efprit, clabaudage des fots, tout s'eft réuni, tout a été employé avec le plus grand fuccès; & le Mémoire qui d'abord nous avoit fi cruellement intrigués, eft devenu pour fon Auteur un principe de furhauffement vraiment incroyable. Il y en a malheureufement fort peu d'exemplaires: on fe les arrache; on ne lit que pour s'extafier, & l'on s'extafie même avant d'avoir lu. On ne permet ni objections fur ce qu'on entend, ni queftions fur ce qu'on n'entend point. Tout eft bien, tout eft fublime, tout eft raviffant. Les Coopérateurs de l'Adminiftration vilipendés, les Cours de Juftice outragées, les premiers Ordres de l'Etat argués de fe laiffer corrompre, des principes qui fous différens points de vue conduifent foit au defpotifme, foit à l'anarchie..., tout cela échappe aux yeux que l'admiration fascine. Ce qu'on abhorroit dans M. de Maupeou, on l'adore dans M. Necker; & le seul mot qui puisse se faire entendre aujourd'hui dans beaucoup de sociétés, c'est que son *Ouvrage est divin, & qu'il faut mettre au pilori, pendre, écarteler ceux qui ont voulu lui en faire un crime.* C'est-là, je l'avoue, une véritable frénésie & le délire le plus complet.

Le Compte rendu est lui-même éclipsé, comme s'il n'en avoit jamais été question. Tant mieux, sans doute; aussi ai-je eu raison de dire que c'étoit un chiffon à côté de l'incomparable Mémoire, qui très-heureusement a fait perdre de vue ces maudits calculs, dont sans lui nous nous serions mal tirés.

C'étoit sur-tout à la Cour qu'il étoit important de faire prédominer nos louanges sur le blâme que cet Ouvrage vu froidement auroit pu y recevoir. M. Necker avoit déjà éprouvé combien la protection de la Reine lui avoit été utile. Il falloit se garder du premier sentiment que cette Princesse auroit puisé dans ses lumieres naturelles; il falloit, en intéressant la bonté de son cœur, prévenir ce qu'on avoit à craindre de la justesse de son esprit. On savoit qu'on ne pouvoit employer auprès d'elle aucun mobile plus puissant que son amour pour le bien de l'Etat. On a tâché de lui persuader qu'il étoit inséparablement lié au sort de M. Necker; qu'aucun autre ne pourroit comme lui faire le bien; que c'étoit pour l'avoir fait sans ménagement, qu'il étoit en bute aux noirceurs les plus atroces, & que tout étoit perdu s'il en étoit la victime.

C'est ainsi que lui a parlé le Marquis de Castries, lorsque se servant de la facilité que lui donne sa place, de présenter comme nécessaire au succès de la guerre ce qui l'est réellement au succès de ses vœux, il a engagé la Reine à relever le courage prétendument abattu de M. Necker par quelque témoignage public de bienveillance. On auroit bien voulu que la Duchesse de Polignac appuyât cette démarche de tout le crédit que lui donne sa faveur: mais elle s'est obstinée à dire qu'elle ne conseilleroit jamais à la Reine d'avoir une opinion sur une affaire aussi délicate; ce qui nous a laissés dans la crainte que son silence ne fût plus éloquent que tout ce qui a été dit pour y suppléer. Moins réservé & moins soucieux sur ces conséquences,

M. d'Adhémar n'a laissé échapper aucune occasion d'insinuer, d'inculper & de corroborer des dispositions qu'il est bien essentiel d'obtenir.

Le Prince de Poix s'est sur-tout distingué; le zele dont toute sa maison est enflammée pour le Directeur des Finances, l'a tellement transporté qu'il l'a fait accoucher miraculeusement de la plus belle phrase du monde au milieu du sallon de Marly. J'ai vu la lettre où il s'en pavanoit. Elle est en vérité fort bien; elle m'a fait l'effet de la petite révérence que les grands sauteurs & voltigeurs font après leurs plus beaux tours de force. Modestement il ne demande par cette lettre que le titre de Citoyen; j'ai proposé de lui en donner un plus honorifique, celui de Coryphée de la bonne cause. Vous riez? Eh quoi! ne savez-vous pas qu'en pareil cas les prôneurs les plus utiles ne sont pas ceux qui ont le plus d'esprit? Cependant en voulez-vous de plus fins? cela est possible. Je vais vous en citer un qui, avec moins d'éclat mais plus d'adresse, nous a encore mieux servis. L'Abbé de Vermont, que je soupçonne de contreminer le crédit de la favorite, & à qui la Reine a su gré de lui avoir dit le vrai sur le compte des deux Ministres qui passent pour être son ouvrage, nous a sûrement voué ses insinuations; je n'en saurois douter, connoissant les vues du Prélat qui regle tous ses mouvemens, & dont il est l'organe.

Enfin on s'est si bien *coalisé* pour le soutien de M. Necker, ses partisans ont tellement circonvenu la Famille Royale, on a si bien fermé toutes les avenues par où les avis contraires auroient pu arriver, qu'il s'est formé autour du Trône un bourdonnement continu d'applaudissemens auxquels on est parvenu à donner un faux air d'opinion publique. Or, cette opinion n'est pas peu de chose aujourd'hui.

Jadis la Famille Royale, environnée d'une étiquette sévere, n'avoit avec ce qui forme la Cour aucune communication sur les affaires du Royaume; l'intérieur même le plus intime de LEURS MAJESTÉS n'admettoit rien qui eût trait à l'Administration. Le feu Roi, la feue Reine, ne permettoient pas à leurs Courtisans les plus chéris de les apostropher sur les affaires de l'Etat, ni de s'expliquer sur le compte des Ministres : aucun d'eux ne l'eût osé.

La douce aménité qui tempere aujourd'hui l'éclat du Trône, l'a rendu plus accessible. Une plus grande liberté a rompu les entraves qui empêchoient la vérité de prendre aucun essor dans le Palais des Rois. Les avantages de la Société n'y sont plus inconnus, & certes il en peut résulter beaucoup de bien pour l'instruction souveraine & pour le bonheur des Peuples. Mais il en résulte aussi que quand les personnes, qui ont le plus d'accès auprès de la Famille Royale, s'entendent pour faire prévaloir une opinion, elles se flattent de pouvoir influer jusques dans les opinions du Gouvernement ; que la Société juge les Ministres ; qu'elle s'accoutume à prononcer sur les matieres les plus importantes ; & qu'à la faveur des *on dit* récitatifs, elle parvient à insinuer ce qu'elle pense ou veut faire passer, tant sur le fond des choses que sur les personnes.

C'est pour vous seul, mon cher d'Alembert, que je fais cette réflexion ; car d'ailleurs, livré comme je le suis à M. Necker, je ne puis qu'être charmé de l'effet qu'a produit pour lui l'influence sociale dont je viens de vous donner une idée. C'est elle qui lui a procuré de la part de la Reine ces marques publiques de protection, & cette audience particuliere dont il a eu grand soin de conter tous les détails à des affidés qui à leur tour ont eu soin de les répéter en les exagérant. C'est elle qui, si elle n'en impose pas à un premier Ministre trop retors pour en être le jouet, n'a pas laissé que de l'empêcher plus d'une fois de prendre des résolutions que nous avons lieu de craindre. Eh ! qui sait si ce n'est pas elle aussi qui a contribué à inspirer les sages paroles que le Roi a dites au premier Président, & qui ont suffi pour conjurer l'orage ?

Quoi qu'il en soit, tout est calme aujourd'hui ; notre ami triomphe. La Gent Robine est confondue. Le Corps de la Magistrature, abandonné par son Chef qui est pour nous, contient la rage qu'elle a dans le cœur ; & quoique, suivant moi, il eût mieux valu qu'il l'eût fait éclater par quelqu'acte violent, qui eût lié l'autorité à la défense de M. Necker, il est toujours vrai de dire que l'inaction du Parlement, quel qu'en puisse être le principe, présente au Public l'apparence de l'abattement, qu'elle fortifie l'assurance du parti Necker ; & qu'au total, l'éloge du Mémoire sur les Administrations Provinciales est resté maître du champ de bataille.

N'en eſt-ce pas aſſez pour que M. Necker, admirant lui-même la tournure inattendue qu'a priſe cette affaire, ſe diſe de plus en plus: O merveilleux effet de mon orviétan !

Mais croyez-vous, mon Ami, que cet orviétan ſoit la ſeule cauſe de ce qui vous étonne? Croyez-vous qu'il y ait autant de fanatiſme pour l'amour d'un Etranger, qui dans la réalité a fait plus de mal aux individus que de bien à la choſe publique, ſi pluſieurs motifs différens, auxquels il n'a aucune part, n'y conſpiroient pas? Et lorſque vous voyez les jeunes gens ſe diſtraire de leurs plaiſirs, les Evêques de leurs fonctions, les femmes de leurs amuſemens, les Militaires de leur métier, pour dogmatiſer tous enſemble à l'uniſſon ſur des queſtions d'Etat qu'aucun d'eux ne connoît, ſur des détails d'Adminiſtration dont ils n'ont point la plus petite teinture, ne ſoupçonnez-vous pas que M. Necker n'eſt pas l'unique ſource de tant de ſingularités; qu'il n'eſt, pour parler notre langue, que le point central où aboutiſſent divers rayons divergens par leur origine, & qui ceſſeront de ſe diriger ſur lui, dès que ſa force attractive ſera ſans action?

C'eſt où je voulois vous conduire par le tableau que je viens de vous tracer. Si c'étoit une expoſition poëtique, je ſerois au moment de l'invocation, & ce ſeroit le cas de dire: O Muſe, apprends-moi les cauſes ſecrettes de cette étonnante confédération: *Muſa, mihi cauſas memora.*

Et vous, mon Ami, redoublez d'attention: ce qui ſuit eſt le plus intéreſſant.

Il s'en faut de beaucoup que tout ſoit ami dans ce qu'on appelle amis de M. Necker. Son armée n'eſt auſſi nombreuſe que parce qu'elle eſt compoſée de beaucoup de troupes étrangeres à lui, quoique ralliées ſous ſes drapeaux. Si elles étoient diſtinguées à l'œil par autant de couleurs différentes qu'il y a de motifs diſparates qui les conduiſent, ce ſeroit une très-plaiſante bigarrure; je m'amuſe quelquefois à les paſſer en revue dans mon imagination, & voici comme je me les repréſente.

Je mets à leur tête, comme de raiſon, les vrais affidés & co-intéreſſés portant les enſeignes dorées de la Banque.

Viennent ensuite le Clergé & les Protestans, réunis pour la premiere fois sous la même banniere, moitié sacrée, moitié profane: le Clergé livré à quiconque étend son pouvoir, les Protestans, comme voyant déjà leurs Prêches rétablis.

Je fais arriver sur la même ligne, précédés d'une girouette tournante à tout vent, les amis de la Cour, parmi lesquels on remarque tous les Noailles, & tous ceux qui, comme eux, sont serviteurs nés de l'homme en place.

Vient après cela la grande troupe des dupes, des sots admirateurs, des illuminés & des Provinciaux, tous la bouche béante & les yeux fixés sur le tableau du Compte rendu, qui leur sert d'étendard ; on voit autour des préambules bien coloriés, & pour devise les grands mots de bienfaisance, de réforme, de soulagement & de liberté, gravés en lettres d'or. Toute cette race moutonniere, qui forme le gros de l'armée, marche pêle-mêle, sans savoir où on la mene, au son d'une musique bruyante composée de Gens-de-Lettres, qui donnent le ton, comme ils prétendent aujourd'hui le donner par-tout; d'Ecrivains périodiques & d'Economistes tenant la trompette de l'Abbé Raynal, faisant le service de Timbalier, & d'un tas de Prôneurs à gages, doublés par ceux qui leur servent d'écho.

Je place sur les aîles, & je fais avancer, d'un pas plus mesuré, plusieurs escadrons d'Ambitieux, commandés chacun par des Chefs différens, qui tous masquent leurs projets particuliers sous les dehors d'une fausse concorde, & ne tendent qu'à leur but en paroissant servir M. Necker.

Quoique nous ne soyons plus au temps des Généraux mitrés, mon imagination, sujette à brouiller les époques, se plaît à mettre en tête du premier détachement un Prélat plein d'esprit & de connoissances, qui, sans faire grand cas du Généralissime Financier, combat pour lui, parce que, le jugeant à-peu-près usé, il l'aime mieux qu'un autre dans une place qu'il convoite pour lui-même, comme un acheminement au rang de Richelieu, de Mazarin, de Fleury. A ces traits, vous reconnoissez l'Archevêque de Toulouse, & vous lui voyez pour Aide-de-Camp le fidele Abbé de Vermont.

Sans ma déférence pour la prérogative Pontificale, j'aurois fait passer avant lui celui qui, suivant moi, doit passer avant tout, le Duc de Choiseul : assez grand par lui-même & par le souvenir de ce qu'il a été, il ne devoit pas desirer de redevenir ce qu'il n'est plus. Mais résiste-t-on à l'attrait de primer, à celui de gouverner un Royaume ? L'adroit Directeur lui a fait entendre qu'il le servoit habilement dans l'esprit du Roi, en plaçant à-propos l'éloge de son administration. M. de Choiseul voit d'ailleurs en lui le seul instrument qui soit d'une trempe assez forte pour sapper le crédit prépondérant que lui & les siens détestent, comme l'obstacle de toutes leurs vues. C'est-là ce qui l'attache au parti d'un homme qui doit lui être utile, & qu'il n'estime pas assez pour le craindre : deux raisons décisives pour se déclarer son sectateur, & entraîner, par son exemple, la foule des Courtisans qui composent son nombreux escadron.

Celui du Marquis de Castries paroît fort mince à côté de lui : il suit la même direction, & a l'air d'en recevoir l'ordre ; mais on ne travaille pas pour un autre, quand on se croit plus que personne digne du premier rang : & je vous ai entendu dire, mon cher d'Alembert, que les prétentions sont souvent en raison inverse du mérite.

M. de Castries, étroitement uni avec M. Necker, se persuade que bientôt rien ne pourra balancer leurs forces combinées ; & c'est moins par la reconnoissance qu'il le soutient, que parce qu'il le regarde comme l'échelon de sa grandeur future.

C'est pareillement en cette qualité d'échelon qu'il est devenu précieux à M. le Duc du Châtelet, depuis qu'il lui a promis de lui ouvrir le chemin, soit au Département de la Guerre, ou à celui de la Politique. Il ne lui en a pas fallu davantage pour attirer dans son camp ce Duc, vraiment digne des plus grandes places, & qui le seroit encore plus, s'il n'y aspiroit pas autant, s'il ne se laissoit pas prendre aussi facilement à l'appât d'y parvenir.

Il n'est pas le seul que M. Necker ait amorcé de la même maniere. Depuis que les places du Ministere sont données à de grands Seigneurs, qui tous peuvent croire avoir le même degré d'aptitude pour les remplir, chacun d'eux les dévore des yeux, & la main ministérielle s'est emparée de toutes les têtes. C'est aujourd'hui le foyer de toutes les intrigues. Notre ami a su les réunir en sa faveur, en distribuant à chacun des doses plus ou moins fortes d'espérances.

Le Prince de Beauvau a eu la ſienne : on lui a montré en perſpective le Département de Paris, ou une place dans le Conſeil ; la Princeſſe y a ſervi, & il eſt devenu un de nos Généraux.

Il n'y a pas juſqu'à M. d'Adhémar qui ne ſe ſoit enrôlé par un ſemblable eſpoir. Il eſt dans l'Etat-Major de notre armée, & c'eſt un de nos meilleurs manouvriers.

M. Necker n'auroit pas trouvé tant de crédules avant le renvoi de M. de Sartine, & lorſqu'on n'imaginoit pas qu'un autre que le vieux Mentor pût influer dans le choix des Miniſtres. Mais le déplacement, & encore plus le remplacement, ont infiniment hauſſé les actions : tous les Aſpirans ſe ſont bien vîte proſternés devant un homme capable de faire & de défaire des Miniſtres.

Ils ſe ſont tous rangés ſous ſes drapeaux avec d'autant plus de zele, qu'ils ne peuvent douter de ſes diſpoſitions à l'égard de M. de Maurepas, dont la chûte eſt le cri de guerre de tous nos eſcadrons ambitieux. Ce n'eſt pas qu'on puiſſe haïr quelqu'un, qui, fort aimable en ſociété, fort intelligent en affaires, & fort acceſſible à tout le monde, n'a jamais fait de mal à perſonne, pas même à ſes ennemis ; mais il eſt trop long-temps où d'autres voudroient être. C'eſt une pierre d'achoppement pour toutes les intrigues, & M. Necker eſt le baril de poudre deſtiné à la faire ſauter. Comprenez-vous, diroit mon Confrere d'Aranda.

Ce n'eſt pas tout ; &, pour achever ma viſion guerriere que je ne comptois pas en commençant pouſſer ſi loin, & qui inſenſiblement a pris la place de l'explication plus ſérieuſe & plus inſtructive que je voulois vous donner, il me reſte à vous parler des troupes légeres, qui méritent bien d'être comptées, & même pour beaucoup, dans notre ordre de bataille. Devinez-vous de qui je veux parler ? Ce ſont, mon cher d'Alembert, les grandes Dames, les belles Dames, les jolies, les ſpirituelles, & ſur-tout les intrigantes, qui, malgré le peu d'union qui regne ordinairement entr'elles, voltigent avec aſſez d'enſemble autour de notre armée, & y ſont fort utiles. On peut s'étonner d'en voir un ſi grand nombre rompre des lances pour un perſonnage qui, n'ayant guere plus d'agrément que moi dans la figure, en ayant peut-être encore moins dans les manieres, ne ſemble pas fait pour être le favori des Graces. Ainſi, je ne crois pas qu'il y en ait aucune *inamorata* de ſa perſonne : mais d'autres intérêts les animent, chacune ayant ſon moteur; & néanmoins toutes ſe réuniſſent pour conſpirer au ſuccès de la campagne, dont elles eſperent que l'exécution comblera les vœux des différens Généraux auxquels les leurs ſe rapportent.

Elles n'ont pas toutes les mêmes emplois. Les ſervices qu'elles rendent à l'armée du Général Necker ſont analogues à leur caractere; je vois à leur tête l'impérieuſe & dominante Ducheſſe de Grammont, toujours occupée du rang ſuprême dont elle eſt deſcendue, & ſe flattant de pouvoir y remonter à la faveur du déſordre général. A côté d'elle, la ſuperbe Comteſſe de Brionne leve fierement ſa tête altiere, toutes deux ſubjuguant les opinions par un ton impoſant ; tandis que la Princeſſe de Beauvau les captive par la ſéduction de l'eſprit, & la Comteſſe de Monteſſon par tous les charmes que l'art peut donner.

Ici, la précieuſe Comteſſe de Blot met en uſage le jargon ſentimentaire; là, c'eſt par l'exagération que l'enthouſiaſte Comteſſe de Teſſé tâche de faire des proſélytes : plus loin, l'idolâtre Comteſſe de Châlons traîne après elle les eſprits, & les force de prendre les armes pour quelqu'un qu'au fond de l'ame elle mépriſe. La merveilleuſe Princeſſe d'Ecrin a le département des intrigues de toutes les couleurs : celui des cœurs eſt dévolu à la jolie, à l'élégante, à la ſvelte Comteſſe de Simiane, à la vive & piquante Marquiſe de Coigny, à la douce & aimable Princeſſe de Poix.

Que j'aime à me retracer les vives évolutions de ces brillantes troupes légeres ! que j'aime à les voir éclairant la marche de notre armée, allant à la découverte, répandant des propos, recueillant des rapports, accréditant des nouvelles, & diſtribuant leurs ordres à un eſſaim de jolis Meſſieurs, de Caillettes & d'Abbés, qu'elles font courir, parler, caracoller à leur gré ! ſans compter quelques intrigans ſubalternes qu'il faut bien qu'elles ſouffrent auſſi à leur ſuite, pour ſervir d'émiſſaires, tels que de Vaiſnes, qui, ayant la tête tournée de ſe trouver en ſi bonne compagnie, a oublié ce qu'étoit ſon pere, & ſe croit un perſonnage important.

Vous voilà, mon cher Philoſophe, en état d'apprécier ce que peut être, entre les mains de notre ami, le faiſceau de tant de liens divers, la confédération de tant d'intérêts hétérogenes; & vous pouvez présentement vous former une idée juste des causes auxquelles il en est redevable. Elles expliquent comme il sort triomphant, du moins quant à présent, de la crise qui sembloit devoir être son tombeau ; mais elles ne doivent pas nous tranquilliser entierement sur l'avenir.

M. Necker se prétend sûr du Roi ; il croit avoir endormi l'Argus octogénaire ; ses Partisans s'entre-disent, en se frottant les mains : *Le Vieux en sera la dupe.* Pour moi, je ne vois pas cela si clair, & je ne suis pas sans craintes ; je vous avoue même que je ne serois pas surpris que ce fameux Manipulateur de Finances, si vanté parmi nous, & malheureusement aussi parmi les Anglois, qui l'appellent le dernier & le plus véritable Allié dans le Continent, au lieu de devenir le Maître du Royaume, comme il s'en flatte, ne redevînt bientôt Habitant de Geneve.

Il me paroît bien difficile qu'un jour ou l'autre on n'ouvre pas les yeux sur l'illusion de ces tableaux magiques, & sur le désordre, le trouble, les factions que doit nécessairement occasionner dans l'Etat cette Neckromanie dont je viens de vous crayonner l'esquisse. La chaleur des adhérens de M. Necker, & la fureur de ses ennemis ; le fanatisme des Prêtres qui l'exaltent jusques dans leurs Sermons, & l'immortel ressentiment, l'*altâ mente repostum* des Corps de Magistrature qu'il a outragés ; le lien d'association qu'il a jetté au milieu des douze Parlemens, & leur réunion au Conseil ; les deux impressions contraires produites par le Mémoire, où les uns prennent l'effroi du despotisme, quand les autres y voient les dangers des principes républicains, & l'agitation qu'elles excitent dans toutes les têtes ; la commotion résultante du conflit des prétentions ambitieuses des gens de la Cour, & la confusion qui en sera la suite, jusqu'à ce que chacun soit mis à sa place ; l'imprudence d'avoir échauffé l'imagination du Peuple par des espérances chimériques, en même temps qu'on a encouragé les murmures contre les perceptions actuelles, & la difficulté de faire respecter l'Administration après l'avoir livrée à la censure publique ; enfin, l'embarras où M. Necker lui-même va se trouver lorsque la ressource des emprunts étant cessée, il faudra inévitablement courir aux autres ressources qu'il s'est interdites : tout cela me fait trembler, tout cela me paroît excessivement menaçant; c'est, à mes yeux, la boîte de Pandore.

Je n'ai pas dissimulé à notre ami les inquiétudes que j'emportois en le quittant; je l'ai fait convenir qu'il avoit trop sacrifié à la célébrité; j'ai fini par lui conseiller de prévenir à temps la catastrophe. *C'est ainsi qu'en partant je lui fis mes adieux;* & c'est après avoir satisfait suffisamment votre curiosité, que je vous fais les miens.

Adio, mio Caro.

P. S. J'ouvre ma lettre pour vous communiquer une idée qui me passe par la tête, & dont vous ferez usage dans l'occasion, si vous la trouvez bonne. Il me semble que s'il survient quelque crise embarrassante pour M. Necker, il faudroit qu'il fît alors courir le bruit de sa prochaine retraite; qu'il employât les moyens les plus capables d'accréditer cette nouvelle; qu'en même temps ses Banquiers & Affidés fissent vendre à la Bourse assez d'actions & de bordereaux, pour marquer leurs craintes & faire baisser les effets publics. Vous concevez la conséquence qu'on en tireroit, & qu'on ne manqueroit pas de dire que tout est perdu s'il s'en va; ce qui peut effrayer & arrêter.

Au surplus, si vous avez quelque doute sur quelques-unes de mes anecdotes, je vous les éclaircirai par un plus ample détail.

LETTRE

DE M. NECKER AU ROI.

SIRE,

J'OSE espérer que VOTRE MAJESTÉ me pardonnera la démarche que je fais aujourd'hui, & que le zele ſincere que j'ai montré pour les affaires publiques & privées me ſervira d'excuſes.

Je vous aime, SIRE. J'ai acquis le droit de le dire ſimplement; & cet aveu, dans la bouche d'un homme qui n'a jamais connu la flatterie, eſt plus fait pour plaire à VOTRE MAJESTÉ, que les proteſtations fauſſes & entortillées des adroits Courtiſans qui l'entourent. Je ne connoiſſois qu'un bonheur, je l'ai goûté; j'en ai trop peu joui, ou, pour mieux dire, j'ai perdu l'eſpérance d'en jouir à l'inſtant même où il alloit commencer à être le ſalaire de mes travaux. Né dans un état honnête, & qui fait toujours la fortune de ceux qui ſavent unir quelque philoſophie à l'intelligence des calculs, je me ſuis vu de bonne heure en poſſeſſion de biens plus que capables de ſuffire à ma vanité. Il n'en fut pas de même de mon orgueil, de cet orgueil noble qui ſemble appeller aux grandes choſes les ames que la Nature a fortement animées de l'amour du bien : je me ſentis dévoré de ce ſentiment, je cherchai à le ſatisfaire. Les intérêts des Nations, les différens ſyſtêmes du Commerce, la Légiſlation, les Finances, toutes les branches d'économie relatives à ces objets importans, furent le fondement ſur lequel je cherchai à établir la gloire que j'ai voulu attacher à mon nom. Une réputation circonſcrite dans les bornes d'un Pays, quelqu'étendu qu'il fût, étoit trop peu pour moi; il m'en falloit une qui méritât l'attention du monde entier : il falloit m'en rendre digne, & le véritable moyen étoit ſans doute de devenir le Reſtaurateur de la félicité d'un Royaume aussi illustre que la France. Ce fut donc à rapprocher de ce projet le résultat de mes études, que je bornai le fruit de mon travail; les circonstances seconderent mes vues, & je me vis appellé au Ministere avant le temps où j'avois cru possible que j'y parvinsse. Je ne fus pas effrayé de ce que la situation de vos affaires demandoit de courage & de soins; mais je le fus de ce qu'il falloit admettre tant d'opérations nouvelles pour en arrêter la perte : car je ne me le suis pas dissimulé, SIRE; & quand il vous a plu de m'accorder votre confiance, je sentis qu'avant de faire le bien, il falloit arrêter les progrès du mal, & s'opposer à la décadence de l'Etat avant de s'occuper de sa splendeur. Tout ce que l'économie peut avoir de ressource dans une Cour brillante, j'ai desiré qu'on l'employât, & VOTRE MAJESTÉ a donné à ses Sujets le premier exemple des sacrifices nécessaires. Mon œil levé dès long-temps sur les suites, les avantages & les inconvéniens des opérations des Finances, vit dans la multiplicité des mains chargées de faire circuler l'or de l'Etat, des abus nuisibles & destructeurs de l'ordre dont la France avoit besoin : vous m'avez approuvé, parce que vous avez vu mes intentions & mon cœur; & dès-lors mon oreille s'est fermée aux cris, aux plaintes & aux calomnies que vomissoient sur ma personne & sur mes projets ceux à qui j'ôtois, en votre nom, le droit de se nourrir des entrailles d'un Peuple doux, fidele, sensible, & le modele de l'amour qu'on doit aux Rois. Mes vues, en se portant sur toutes les parties de l'Administration, & en me faisant appercevoir toutes les plaies du Corps politique & civil, me faisoient une loi de chercher à les guérir; j'y travaillai avec le désintéressement dont VOTRE MAJESTÉ me permettra de m'honorer à ses yeux, parce qu'elle l'a connu tout entier. Voilà, en abrégé, quelle fut ma conduite; & c'est après en avoir vu les premiers effets, que vous m'aviez promis, SIRE, d'être à jamais mon Protecteur. Hélas ! cette protection que vous deviez m'accorder étoit un nouveau bienfait que vous accordiez à vos Peuples, dont je voulois vous rendre l'idole en faisant leur bonheur; & vous m'avez abandonné ! vous m'avez sacrifié à des terreurs que j'avois cent fois combattues dans votre ame, & que je croyois avoir vaincues ! Les prérogatives dont je sollicitois la faveur n'avoient pour but que le pouvoir dont j'avois besoin pour débattre en personne, & sous vos yeux, les observations futiles & mensongeres par lesquelles on cherchoit à ruiner mes desseins; & vous avez pu penser que l'ambition, l'amour du pouvoir, enfin qu'un certain despotisme ministériel étoit l'ame de mes opérations & le salaire que j'en attendois ! Cette idée me déchire... Après le chagrin que j'éprouve en quittant ce soin de la félicité de votre Royaume, il n'en est pas de plus amer pour moi que celui de penser que VOTRE MAJESTÉ a douté de mon cœur...

Je me montre tout entier, SIRE, & je n'écris ceci que pour vous, parce que vous êtes fait pour apprécier mes véritables sentimens. En descendant du rang où vous m'aviez placé, j'emporte une douleur profonde, qui minera mon existence. Ne plus vivre pour faire votre avantage, pour travailler à la tranquillité des Citoyens, à la sûreté de leur fortune, à l'illustration d'un Pays dont je me regardois comme membre; ce n'est plus vivre pour le bonheur...

J'ose demander une grace à VOTRE MAJESTÉ. Que puis-je faire en France ? La haine & la persécution m'attendent: la vengence va s'armer; elle va élever une voix audacieuse, & l'activité de sa rage saura bien trouver comment empoisonner mes meilleures intentions. Ordonnez que ma gestion soit vérifiée, que l'état de mes biens soit examiné, & qu'ensuite il me soit permis de quitter un Royaume que j'ai trop aimé pour ne le pas aimer toujours.

Libre, inconnu, absent, à Geneve je vivrai peut-être paisiblement, en bénissant votre nom & vos vertus, & en faisant des vœux pour que d'autres Ministres plus habiles, & sur-tout plus heureux, fassent à la France & à son Roi tout le bien dont ils sont dignes.

LETTRE AU ROI.

SIRE,

C'EST en vain que nous aurions recours au preftige de l'éloquence pour attendrir le cœur de VOTRE MAJESTÉ; quelle plus touchante fcene que les cris d'une douleur univerfelle & les gémiffemens de tout un Peuple? La Capitale & les Provinces retentiffent de la nouvelle la plus accablante & la plus imprévue; au filence de la confternation & de la furprife ont fuccédé ces queftions tumultueufes & réciproques :

Le Miniftre eft-il difgracié? de quoi s'eft-il rendu coupable? eft-il facrifié à l'Intrigue? fon éloquence mâle & libre auroit-elle déplu? eft-on bleffé des formes helvétiques ou fieres avec lefquelles il a préfenté la vérité? enfin la religion du Roi auroit-elle été furprife? Ah! SIRE, au milieu des follicitudes paternelles dont votre ame doit être agitée, daignez jetter les yeux fur le tableau confolant de votre Adminiftration; & la comparant avec celles des Rois vos prédéceffeurs, quels grands & rapides changemens n'ont pas couronné les travaux de VOTRE MAJESTÉ? C'eft du choix de fes Miniftres que dépendoit le falut de l'Etat, & ce choix elle a fu le faire; elle a montré Neftor à fon Peuple : elle a refufé des tributs légitimes; enfin, SIRE, vous avez été clément & jufte; vous avez fui la louange, en faifant tout pour la mériter; VOTRE MAJESTÉ a confié les refforts compliqués du Gouvernement à celui que fon état & fa naiffance fembloient en exclure, & qui n'eût pas été choifi par un Prince foible ou indifférent au bien public. C'eft ici où fe multiplient les obftacles de tout genre; c'eft ici que les idées vont plus loin que les expreffions, & qu'un Adminiftrateur des Finances doit fe montrer fupérieur à fa difgrace comme à fes ennemis; il doit affronter leur haine dangereufe pour les fuffrages utiles de vingt millions d'hommes. Celui qui emporte aujourd'hui les regrets de la Nation a ofé exécuter ce qu'il avoit ofé entreprendre : rien ne l'a arrêté dans sa pénible carriere, & les yeux fixés sur VOTRE MAJESTÉ, comme l'aigle sur le soleil, il a dédaigné les Méchans qu'il auroit fallu chercher dans les ténebres ; livré tout entier aux grandes idées de l'Administration, il ne s'est occupé que des moyens prompts & terribles qu'il falloit pour ainsi dire créer. « Vos » trésors, une Marine formidable, un zele, un enthousiasme universel » alloient vous rendre l'Arbitre de l'Europe ; vous deveniez l'exemple » des Souverains, dans un âge où l'on n'a que des Mortels à imiter ; » des jours de triomphe alloient encore embellir la France, & l'Histoire » de votre regne étoit celle de vos vertus & de vos succès ; le nom » seul de votre Ministre imprimoit autant de confiance à vos Sujets, » que de terreur à vos Ennemis ». *La plupart de ceux qui l'ont précédé ont passé comme des météores qui désolent la terre ; celui-ci laisse après lui un rayon de lumiere qui doit éclairer, mais effrayer ses successeurs.* VOTRE MAJESTÉ pourra-t-elle résister aux instances d'une jeune Princesse, l'ornement de sa Cour, la Patrone de son Peuple, qui tempere le respect par ses graces, & qui ne peut vouloir que votre repos, votre gloire & la prospérité de l'Etat ? VOTRE MAJESTÉ puniroit-elle un homme vertueux, qui défend l'Innocence & l'Amitié comme il a défendu sa Patrie ; un Sujet dévoué à son Maître, qui n'a pas craint de lui déplaire, en montrant le courage & l'énergie d'un Chevalier François ? Enfin, s'il est vrai que le plus grand Monarque de l'Univers doive régler ses opinions sur celles de quelques hommes supérieurs qu'il regarde comme l'ame de ses Conseils, quel doit être l'ascendant du vœu général de la Nation, qui, prosternée aux pieds de VOTRE MAJESTÉ, la supplie de rappeller un Ministre, l'Interprete de ses sentimens, un Ministre qui est l'image d'un bon Roi, comme VOTRE MAJESTÉ est celle de Dieu sur la terre !

FIN.

www.ingramcontent.com/pod-product-compliance
Ingram Content Group UK Ltd.
Pitfield, Milton Keynes, MK11 3LW, UK
UKHW021042260726
13994UKWH00005B/2307